Luizinho Bastos

Mensagens para Datas Comemorativas

RÁDIOS • ESCOLAS • COMUNIDADES

Volume 2

Dados Internacionais de Catalogação na Publicação (CIP)

(Câmara Brasileira do Livro, SP, Brasil)

Bastos, Luizinho
  Mensagens para datas comemorativas : rádios, escolas, comunidades – / Luizinho
Bastos. – São Paulo : Paulinas, 2014. -- (Coleção amor e amor ; v. 2)

  ISBN 978-85-356-3687-1

  1. Datas Especiais   I. Título.   II. Série

13-13919   CDD-398.236

Índice para catálogo sistemático
1. Datas comemorativas : Costumes   398.236

1ª edição – 2014

Ficha técnica – Livro

Direção-geral:	*Bernadette Boff*
Editora responsável:	*Noemi Dariva*
Coordenação de revisão:	*Marina Mendonça*
Gerente de produção:	*Felício Calegaro Neto*
Capa e editoração:	*Jéssica Diniz Souza*

Paulinas Editora

Rua Dona Inácia Uchoa, 62
04110-020 – São Paulo – SP (Brasil)
Tel.: (11) 2125-3500
http://www.paulinas.org.br – editora@paulinas.com.br
Telemarketing e SAC: 0800-7010081

© Pia Sociedade Filhas de São Paulo –
São Paulo, 2014

Paulinas Rádio

Instituto Alberione
Rua Dona Inácia Uchoa, 62 – Bl. A, 5º andar
Vila Mariana – Telefax: (11) 2125-3595
04110-020 – São Paulo – SP
E-mail: radio@paulinas.com.br

Sumário

Apresentação 5

6 de janeiro – Dia de Reis 6

21 de abril – Dia de Tiradentes 8

Festa Junina 10

19 de junho – Dia dos Migrantes................................12

30 de junho – Dia Mundial das Redes Sociais 14

16 de julho – Dia do Comerciante 15

4 de agosto – Dia do Padre 16

11 de agosto – Dia do Estudante.................................17

24 de agosto – Dia da Infância 18

21 de setembro – Dia Internacional da Paz 20

Eu te desejo a paz 22

22 de setembro – Dia Nacional do Atleta Paraolímpico 24

23 de setembro – Início da Primavera 26

27 de setembro – Dia do Idoso 28

2 de outubro – Dia do Santo Anjo da Guarda 30

12 de outubro – Dia de Nossa Senhora Aparecida –
Padroeira do Brasil 32

15 de outubro – Dia do Professor(a) 34

12 de novembro – Dia do Diretor de Escola...............35

20 de novembro – Dia Nacional da Consciência Negra...........36

22 de novembro – Dia do Músico...............................38

2 de dezembro – Dia do Casal 40

OUTRAS COMEMORAÇÕES

Aniversário 42

Bodas de Prata.. 44

Dia das Mães 46

Mensagem aos Jovens – Futuras gerações 48

Um dia abençoado em sua vida 50

Quaresma 52

Feliz Páscoa! Páscoa feliz! 53

Pentecostes – Os Sete Dons do Espírito Santo 54

A paz ecológica do Menino Jesus................................58

Natal dos nossos sonhos 60

A Grande Luz...62

Apresentação

Dando continuidade ao projeto editorial lançado em 2010, Paulinas Editora apresenta "Mensagens para datas comemorativas" – Volume 2 – com uma nova coletânea de textos, mensagens, poemas e orações do escritor e poeta Luizinho Bastos, agora somente em formato de Livro, a fim de dar maior liberdade a quem deseja servir-se dele em ocasiões diversas.

A proposta é ampliar a difusão dessas mensagens no rádio, nas escolas, nas comunidades, nas famílias, no intuito de resgatar dons e valores, e motivar reflexões, encontros, confraternizações, entretenimento, alegria, carinho e emoção, ao celebrar datas comemorativas e momentos especiais da vida no decorrer do ano. No início de cada "mensagem", como fundo musical, foi sugerida a faixa de um CD de Paulinas/Comep, a qual pode ser usada ou trocada por outra.

Vale destacar no conteúdo desse Volume 2 que os textos foram inspirados em datas religiosas, familiares, escolares e temáticas, que poderão ser enriquecidos com uma excelente interpretação de locutores ou proclamadores, os quais, segundo a ocasião e o local, enriquecerão a qualidade dessa produção que certamente espalhará energia, encanto, devoção, espiritualidade, celebrando os dons da vida, realizações e momentos felizes abençoados por Deus.

Dia de Reis

6 DE JANEIRO

Fonte Musical: Pot-pourri – Faixa 1.2 (Ó vinde a Belém) do CD *Clássicos Natalinos orquestrados*[1]

Os Reis Magos

A Boa-Nova se espalhou
na cidade de Belém.
Três reis magos do oriente
chegaram em Jerusalém.
Guiados por uma estrela
encontraram o menino,
filho de Maria e José,
conforme plano divino.

Os reis magos tão felizes
trouxeram na bagagem
ouro, incenso e mirra
para prestar-lhe homenagem.
"Nasceu o nosso Salvador!"
aclamou o mago Baltazar.
"Glória a Deus nas alturas!"
responderam Belchior e Gaspar.

Ajoelhados contemplavam
radiantes de alegria.
O menino recém-nascido
passava-lhes pura energia.

---

[1] Todos os Cds indicados neste texto são da gravadora Paulinas - Comep – São Paulo-SP

Antes de partirem, em sonho,
o aviso do anjo ouviram:
"Vão e sigam outro caminho,
não contem nada do que viram."

Eis a festa da Epifania:
Maria, José e o menino
junto com os reis magos
num presépio pequenino.

Dia de Tiradentes

21 DE ABRIL

Fonte Musical: Hino à Independência ou outra música pátria...

TIRADENTES

No Brasil colonial
as minas de ouro acabavam.
O governo com impostos
aos mineiros exploravam.
E um grupo de descontentes,
denominados "inconfidentes"
se uniram com Tiradentes,
contra leis de Portugal, lutavam.

Iniciou-se o movimento
com cidadãos e intelectuais
para implantar novo governo
com ideias e planos liberais.
Porém, foram prejudicados,
traídos, delatados,
presos, julgados,
condenados, exilados.
Tiradentes, morreu enforcado.

Homem forte, justo, idealista.
Comerciante, militar, ativista.
Tropeiro, minerador, dentista.
Tiradentes! Soldado, herói, civil!
Tiradentes! Patrono das polícias: militar e civil.
Tiradentes! Herói dessa pátria amada varonil.
Tiradentes! Patrono cívico do Brasil.

Mártir da inconfidência!
Corajoso, inocentou seus companheiros.
Patriota, assumiu a responsabilidade.
Mito, enforcado e esquartejado.
Brasileiro, "ainda que tardia, liberdade".

Uma data importante: 21 de abril,
devemos comemorar em todo o Brasil.
Refletir, homenagear, aplaudir, reverenciar.
José Joaquim da Silva Xavier,
personagem nos capítulos
da Independência Brasileira.
Tiradentes! Tiradentes!
O mártir da Inconfidência mineira!

Salve Tiradentes!

Festa Junina

Fonte Musical: A festa de São João – Faixa 6, do CD
Festança no arraiá – L. M. João Collares

SAUDADES DO ARRAIAL

Sou caipira lá da roça,
hoje moro na cidade
e quando chega o mês de junho
eu viajo na saudade,
belas festas no arraial,
ô quanta felicidade!

Bandeirolas coloridas,
noites frias estreladas;
lendas, sortes, adivinhas,
barracas animadas.
O mastro no alto erguido,
brincadeiras, gargalhadas.

A promessa a Santo Antônio,
simpatias ao bom São João,
devoção ao meu São Pedro,
jogos, fogos e o balão.
Chapéu de palha, pau-de-sebo,
vinho quente e quentão.

Bem no centro a fogueira
pra dar sorte eu pulava;
arroz doce e pinhão
com apetite eu provava.
Cavalheiros com suas damas,
a quadrilha eu dançava.

Sou caipira do interior,
hoje estou na capital,
acendo a minha fogueira
bem no meio do quintal.
Tudo está na minha lembrança,
que saudade do arraial!

Dia dos Migrantes

19 DE JUNHO

Fonte Musical: Descaminhos – Faixa 11, do CD
Peregrinações – Antonio Durán

OS MIGRANTES

Eis a cena diária: eles chegam na rodoviária,
oriundos de outras terras,
com seus filhos, baús e bugigangas.
Desembarcam como estrangeiros com a cara de foragidos.
Ao léu do destino estão perdidos.
Eles vêm pela fuga e aventura sem pensarem na desventura.
Na ilusão de tentarem a sorte desafiam a própria morte.
Sabe lá onde ficarão, o que vão fazer.
Sabe lá se vão dormir, se vão comer.
Esses filhos retirantes que a gente tanto vê,
vêm de lá pra cá pra quê? Por quê?

E essa gente migrante e forasteira,
mistura-se à população inteira pelos cortiços,
pensões, favelas, becos, porões, quitinetes e vielas.
Daqui a pouco são camelôs, balconistas,
feirantes, empregadas domésticas, diaristas,
babás, serventes, cobradores, ajudantes, operários,
biscateiros, bicheiros e outras coisas mais;
e eles se disfarçam de absurdos tão reais,
espalham suas crenças, costumes, quitutes,
canções, danças e superstições.

Alguns se viram, pelejam, mendigam,
choram e devoram o pão velho e amassado.
Outros ajuntam dinheiro e vão fazendo a vida.
Para trás ficou uma longa história perdida.
De suas terras foram expulsos,
de suas raízes foram despojados,
acreditavam na justiça e foram injustiçados.

São estranhos? Que sejam acolhidos.
São estrangeiros? Que sejam companheiros.
São migrantes? Que sejam irmãos.
A cidade os acolhe. Deus os ilumina.
Bendita e louvada seja essa sina.
Oxalá resgatem suas raízes, conquistem seus direitos,
essas faces e vozes da nação
que apelam a esse irônico destino
e se submetem à migração.

Dia Mundial das Redes Sociais

30 DE JUNHO

Fonte Musical: Alô meu Deus – Faixa 4, do CD *Marquinho & Gilbert interpretam Pe. Zezinho, scj*

ORAÇÃO PELAS REDES SOCIAIS

Abençoa, Senhor, as Redes Sociais on line
para serem ferramentas onde pessoas e organizações
possam compartilhar valores e objetivos comuns.
Hoje, conectados no mundo inteiro, podemos cruzar fronteiras,
promover benefícios, intensificar interesses comuns,
fazer intercâmbios, articular uma participação
democrática e mobilização social.
Como cidadãos do bem, devemos utilizá-las com ética,
postando conteúdos saudáveis, assumindo
uma verdadeira identidade, respeitando a privacidade,
maximizando laços fraternos, somando gestos solidários
na construção de um mundo novo e sustentável.
Bondoso Mestre, ilumina a mente de todos os membros
que em todo planeta utilizam as Redes Sociais.
Livra-nos dos perigos e inimigos virtuais
para que nenhum mal contamine e prejudique
os laços interpessoais e a utilidade pública.
Dá-nos sabedoria e discernimento para acessarmos
e compartilharmos o que é bom, adequado e construtivo.
Irmanados, queremos construir um mundo novo,
formando nas Redes Sociais a família de Deus!
Amém!

Dia do Comerciante

16 DE JULHO

Fonte Musical: Prece – Faixa 14, do CD *Peregrinações* – Antonio Durán

PRECE DO COMERCIANTE

Senhor, agradeço-te de coração
pelas graças recebidas ao administrar
o meu estabelecimento comercial.
Abençoa esta casa tornando-a um ambiente
saudável e tranquilo durante a jornada diária.
Nesta nobre missão a mim designada,
peço-te sabedoria para negociar,
servir e cumprir meus compromissos com segurança.
Dá-me compreensão e dinamismo
para relacionar-me com os funcionários,
fornecedores, clientes e companheiros.
Protege este local dos perigos e de qualquer violência.
Ofereço-te, ó Deus, todos os êxitos alcançados
sempre com a motivação de trabalhar
com prazer, alegria, amor e em paz com a vida.
Amém!

4 DE AGOSTO

Dia do Padre

Fonte Musical: Há um barco esquecido na praia – Faixa 7, do CD 16 *Melodias* – Pe. Zezinho, scj

MENSAGEM AO PADRE

Na missão que Deus te confiou,
você é um padre com muitos carismas
e querido por todos na comunidade.
É o líder que se faz discípulo para servir,
o mestre designado para acolher e ensinar,
o peregrino enviado pelo Espírito Santo
para anunciar a palavra e celebrar a vida.
Com seus belos testemunhos,
é para nós o amigo e mensageiro espiritual
que transmite esperanças e ampara os que sofrem,
apontando horizontes para uma vida nova.
Ordenado como sacerdote de Cristo
para exercer com amor a sua iluminada vocação,
é o pastor de um grande rebanho,
homem de profunda fé
e profeta a serviço do Reino de Deus.

Dia do Estudante

11 DE AGOSTO

Fonte Musical: Procura – Faixa 14, do CD *Notícia da vida* – José Acácio Santana.

ORAÇÃO DO ESTUDANTE

Mestre e fonte de todos os dons!
Eu te agradeço pela oportunidade de poder estudar.
Estudar é uma dádiva, uma arte,
uma trajetória de enriquecimento cultural
e de constantes desafios que exigem
dedicação e esforço.
Sou um estudante feliz
em busca de novos conhecimentos,
disposto a desenvolver meus talentos,
seguir uma vocação e percorrer
o glorioso caminho da aprendizagem e realização.
Senhor, inspira-me na concentração dos estudos
e na frequência às aulas. Dá-me sabedoria
e prudência no decorrer dos exames.
Abençoa os meus professores, educadores
e todos os estudantes.
Conduze-me pelo caminho do bem
para prosperar nos meus sonhos
e construir um futuro melhor. Amém!

Dia da Infância

24 DE AGOSTO

Fonte Musical: Meninos do mundo – Faixa 2, do CD *Canto de Paz* – Emmanuel.

MENINOS DE RUA – MENINOS DO REINO

Meninos de rua que nas portas das fábricas
vendem amendoim e balas sortidas.
Meninos do Reino que nas praças da cidade
engraxam os sapatos dos outros.
Meninos de rua que nos faróis das avenidas
limpam os vidros dos carros em troca de uma gorjeta.
Meninos do Reino, pingentes nos trens de subúrbio
arriscando a própria vida.

Meninos de rua que dormem nos bancos
em travesseiros de pedra e cobertores de papelão.
Meninos do Reino, descalços, seminus, famintos,
carentes, abandonados, marginalizados.
Meninos de rua que tomam banho nos chafarizes,
que moram em favelas e cortiços,
que se escondem em becos e cadeias.
Meninos do Reino que vasculham lixos para matar a fome,
que cheiram cola, que nunca forma à escola.

Meninos de rua que vagam, que aprontam,
que são presos e vítimas do extermínio.
Meninos do Reino sem lazer, sem brinquedos,
filhos sem pais, vistos somente como marginais.
Meninos de rua que choram, que sorriem,
que cantam e que sonham como todas as outras crianças.
Meninos do Reino, andarilhos, sonhadores,
mensageiros-mirins de longas andanças.

Meninos de rua – meninos do Reino,
guris desse imenso Brasil,
malandra esperança de um coração civil,
sonho-criança de não ser sempre "o menor",
e sim, ter uma vida melhor, de ver um mundo diferente,
de se sentir gente, de brincar livre e sorridente.

Meninos de rua – Meninos do Reino,
heróis rebeldes, mitos urbanos.
No sangue, uma utopia.
Na alma, uma canção.
Na Nova Sociedade em campos risonhos
brincarão e realizarão os seus sonhos;
Meninos de rua – Meninos do Reino:
pequenos gigantes de uma Nova Nação!

Dia Internacional da Paz

21 DE SETEMBRO

Fonte Musical: Paz divina – Faixa 6, do CD *Caminhos Interiores* – Antonio Durán

A PAZ É UMA PRIORIDADE GLOBAL

A paz! A paz no Brasil! A paz no mundo!
A paz sem fronteiras e sem preconceitos!
Será um sonho impossível? Uma utopia?

Sim, a paz é uma prioridade global, é fruto da justiça.
A temática da paz deve ser o centro
de nossas reflexões sobre o futuro,
porém é importante entender que violações da paz
não se resumem apenas aos confrontos militares,
que são as guerras.

Na verdade, a paz é um conceito pluridimensional.
Nosso objetivo é atingir um estado de paz total,
pois sem ela o futuro da humanidade está comprometido.

Portanto, procuremos uma ética que nos conduza
à paz interior, à paz social, à paz ambiental, à paz mundial!
Atingir essa paz total é o objetivo maior de todos os povos!
Eduquemo-nos para a paz!
A paz no Brasil! A paz no mundo!

Eu te desejo a paz

Fonte Musical: Abraço de Paz – Faixa 2, do CD *Notícia de Vida* – José Acácio Santana

Meu irmão, minha irmã,
eu te desejo a paz!

A paz de Deus, a paz de Cristo,
a paz do Espírito Santo que ilumina
todos os corações humanos.

Eu te desejo a paz!

A paz de São Francisco de Assis,
a paz da Sagrada Família, a paz de Gandhi,
a paz de Madre Tereza de Calcutá.
A paz dos poetas que sonham em desarmar
o mundo para alimentar os povos.
A paz das crianças que cantam, brincam,
desenham pombas e vestem o planeta de branco.

Eu te desejo a paz!

A paz das borboletas, dos beija-flores,
das estrelas, do luar, do peixe a borbulhar.
A paz do amanhecer e do entardecer.
A paz eloquente, transcendente,
que concilia ideais, que reaviva utopias,
que globaliza sonhos e gestos heroicos.

Eu te desejo a paz!

A paz do silêncio, motivação transformadora
que transpõe barreiras e cruza fronteiras.
A paz da natureza, a paz de línguas
e raças interconectadas, a paz multicultural.

Meu irmão, minha irmã,
receba o meu abraço cordial,
meu desejo mais que especial:
a paz! Eu te desejo a paz!

Dia Nacional do Atleta Paraolímpico

22 DE SETEMBRO

Fonte Musical: Momentos – Faixa 14 do CD *Presença* – José Acácio Santana

JOVENS ATLETAS PARAOLÍMPICOS

Eles são jovens.
Portadores de deficiências físicas, sensoriais e mentais.
Eles são jovens.
Dedicam-se aos esportes em nível profissional.
Eles são jovens.
Venceram muitas barreiras e difíceis obstáculos.
Eles são jovens.
Atletas paraolímpicos, recordistas, campeões.

Verdadeiros exemplos de motivação e superação.
Grandes heróis da integração e inclusão social e esportiva.
São pessoas que superaram o preconceito,
a limitação, o medo,
Através da superação, da autoestima, da dedicação,
para representar o país numa competição.

Competir? Sim, importante não é ganhar.
Brilhar? Sim, superar a si mesmo.
Na piscina, na quadra, na pista.
Com humildade, garra, determinação,
força de vontade, treinamento, fé, coração.
Subir ao pódio – medalha de ouro, prata, bronze.
Fechar os olhos, chorar de alegria, respirar emoção.

Eles são jovens.
Eficientes.
Eles são jovens.
Recordistas.
Eles são jovens.
Vencedores.
Eles são jovens.
Campeões de energia,
exemplos de garra, perseverança,
potencial humano.

Eles também marcham na jornada mundial pela paz!
Eles também são peregrinos nas olimpíadas da vida!
Eles são nossos irmãos e irmãs.
Eles são jovens atletas paraolímpicos que merecem:
Aplausos! Aplausos! Aplausos!

Início da Primavera

Fonte Musical: Amor-primavera – Faixa 8, do CD *Presença* – José Acácio Santana – *Instrumental*

PRIMAVERA

Como são belas e perfeitas as maravilhas de Deus
no esplêndido cenário da natureza.
Flores nos canteiros com pérolas coloridas.
A nostalgia dos pássaros
que passeiam pelos campos risonhos.
A estação da primavera transforma
a nossa vida em sonhos!...

Um lento caminhar entre os lírios no campo.
Com carinho, decantar narcisos e jasmins.
Apreciar, no botão de rosa, a fragilidade, o encanto.
Preservar e aplaudir as flores multicores nos jardins.
Quisera jamais despedir-se da primavera.

O cravo está em paz com a rosa.
A orquídea está de bem com o girassol.
Primavera harmoniosa com belas manhãs de sol.
O amor-perfeito a desabrochar...
Romantismo está no ar!...

Vermelho,
branco,
lilás,
amarelo...
Na natureza há algo
de novo e de belo!...
Beija-flores e borboletas passeiam
entre pétalas de quimera.

Chegou a primavera!...
Seja bem-vinda, primavera!

Dia do Idoso

FonteMusical: Este seu olhar – Faixa 11, do CD *Presença* –
José Acácio Santana – *Instrumental*

MULHER DA MELHOR IDADE

Cabelos grisalhos, às vezes tingidos,
rugas no rosto, olhar profundo.
Ela não é mais tão jovem,
mas seu espírito rejuvenesce
com muita energia pra jamais envelhecer.
Ela recorda verões e primaveras
e todos os dias no estágio da Terceira Idade
o seu otimismo lhe inspira a renascer.

Quantas emoções e inesquecíveis recordações
vagam em seu pensamento tão distante.
Alegrias, tristezas, árduas experiências,
tudo está arquivado no seu coração.

Mas ela sabe que há caminhos ainda não trilhados,
compreende que há espaços para novas atividades.
E com sua sabedoria esforça-se para assimilar
as inovações na convivência com os jovens,
conservando seus princípios e valores.
Suas sementes geraram frutos:
Filhos, noras, genros, netos, bisnetos...
o conforto da família, o amor, a amizade,
a saúde, a perseverança, a esperança,
tudo que se resume em felicidade.

Ela é bonita, iluminada, amada.
Tem fé e sonha com futuras realizações.
Essa senhora que é um exemplo de luta,
atinge a posteridade em vida.
Ela é a mulher da Melhor Idade.

Dia do Santo Anjo da Guarda

2 DE OUTUBRO

Fonte Musical: Novo dia – Faixa 5, do CD *Presença* – José Acáco Santana.

MEU ANJO DA GUARDA

Foste confiado por Deus para os meus passos guiar
e nos sofrimentos meus me confortar.
Sabes o que penso, o que sinto,
na sabedoria que tens,
em minhas preces te invoco, tu logo vens.
Se vacilo, és minha rocha, se caio, me dás tua mão.
Ó meu anjo de luz, contigo,
a paz de Deus me conduz!

Foste designado por Deus para orientar minha missão,
para iluminar minha mente e o meu coração.
Zelas dia e noite a minha vida,
meu lar, meu pão e meus dons,
apontas pra mim horizontes e caminhos bons.
Se choro, tu me confortas,
na provação, tu me abres as portas,
ó meu anjo de luz, contigo,
o amor de Deus me seduz.

Anjo da guarda, meu protetor, zeloso, fiel guardador,
tu és meu abrigo, meu anjo-amigo!
Anjo da guarda, meu guardião, luz-guia na escuridão,
governa meus caminhos para fazer sempre o bem,
com meus semelhantes também.
Obrigado, Santo Anjo!
Amém!

12 DE OUTUBRO

Dia de Nossa Senhora Aparecida
Padroeira do Brasil

Fonte Musical: Mãe do céu morena – Faixa 11, do CD *Marquinho & Gilbert interpretam Pe. Zezinho, scj.*

NOSSA SENHORA APARECIDA – PADROEIRA DO BRASIL

Senhora Aparecida – Padroeira do Brasil!
Mãe negra e solidária de infinito esplendor.
Protegei esta pátria e o povo brasileiro
que sonha com justiça, liberdade, paz e amor.

Senhora Aparecida – Padroeira do Brasil!
Atendei as súplicas de fervorosas orações
para reinar a justiça, cessando os conflitos
que ferem faces e vozes de diversas regiões.

Senhora Aparecida – Padroeira do Brasil!
Fazei-nos missionários da Nova Evangelização.
Inspirai os governantes e líderes comprometidos;
Guiai os novos rumos dessa garrida nação.

Senhora Aparecida – Padroeira do Brasil!
Presença mística nas culturas oprimidas.
Rainha dos trabalhadores no campo e na cidade,
luz e esperança viva de milhões de vidas.

Senhora Aparecida – Padroeira do Brasil!
Queremos evangelizar com ardor missionário.
Dai-nos força e coragem, intercedei por nós
para permanecermos unidos e solidários.
Senhora Aparecida – Padroeira do Brasil!
Mostrai-nos caminhos que conduzam à vitória.
Abençoai todas as classes desse povo que vos louva
no serviço e na missão de fazer uma nova história.

Senhora Aparecida – Padroeira do Brasil!
Com vossa negritude revelai-nos a verdade
para caminharmos rumo ao Reino definitivo
e contemplarmos o horizonte da nova sociedade.

Senhora Aparecida – Padroeira do Brasil!
Fazei que neste solo jorre pão, leite, mel;
Guiai os nossos passos, permanecei sempre conosco
para fazermos da nação, Nova Terra e Novo Céu.

15 DE OUTUBRO

Dia do Professor(a)

Fonte Musical: Luz poente – Faixa 12, do CD *Caminhos Interiores* – Antonio Durán

ORAÇÃO DO PROFESSOR(A)

Senhor!
Deste-me a vocação de ensinar e de ser professor(a).
É meu compromisso educar, comunicar e espalhar sementes
nas salas de aula da escola da vida.
Eu te agradeço pela missão que me confiaste
e te ofereço os frutos do meu trabalho.
São grandes os desafios no mundo da educação,
mas é gratificante ver os objetivos alcançados
na trajetória por um mundo melhor.
Quero celebrar a formação de cada aprendiz
na felicidade de ter aberto um longo caminho.
Quero celebrar as minhas conquistas exaltando também
o sofrimento que me fez crescer e evoluir.
Quero renovar a cada dia a coragem de sempre recomeçar.
Senhor!
Inspira-me na minha vocação de mestre(a) e
comunicador(a).
Dá-me paciência e humildade para servir,
procurando compreender profundamente
as pessoas que a mim confiaste.
Ilumina-me para exercer esta função com amor e carinho.
Obrigado, meu Deus, pelo dom da vida
e por fazer de mim um(a) educador(a) hoje, amanhã e sempre.
Amém!

Dia do Diretor de Escola

12 DE NOVEMBRO

Fonte Musical: Coração sereno – Faixa 10, do CD
16 *Melodias* – Pe. Zezinho, scj

OBRIGADO, DIRETOR(A)!

Hoje é o seu dia, uma data especial,
um momento mágico para agradecermos
e exaltarmos com alegria o quanto você
é importante para nós.
Pessoas especiais e iluminadas como você,
estão sempre motivadas a espalhar sementes
visando o aprendizado e fortalecendo
os laços da cultura e da educação.
Nesse momento, temos que olhar
com os olhos do coração para perceber valores,
virtudes e dons maravilhosos que Deus lhe deu
para cumprir essa missão maravilhosa
e abençoada em nossa escola.
Queremos lhe dizer do fundo do coração que temos
uma grande admiração e gratidão pelo seu trabalho,
seu carisma, sua presença diária em nossa vida,
em todas as áreas de nossa formação.
Que Deus continue inspirando e iluminando
seu trabalho, seus sonhos, suas sementes
e belos frutos que serão colhidos por nós.
Muito obrigado, diretor(a)!
Que Deus lhe abençoe hoje, amanhã, sempre.
Obrigado! Parabéns! Seja sempre feliz!

20 DE NOVEMBRO

Dia Nacional da Consciência Negra

Fonte Musical: Herança do tempo – Faixa 4, do CD *Notícia de vida* – José Acácio Santana

NEGRITUDE

Nas águas do Atlântico,
dentro do navio inglês,
ecoou um soluçar de dor
em forma de cântico.

Foram eles trazidos como escravos
e marcados na tez como animais;
objetos de troca e venda
dos rudes senhores feudais.

Tamanha discriminação.
Pecado, cruel desrespeito,
maldito preconceito,
desde os primórdios da história,
pesadelo do presente, infelizmente.

De dia, de noite,
continua batendo o mesmo açoite.
Ainda existem capatazes capazes de discriminar,
de não aceitar o negro como irmão, só por causa da cor.
– Que falta de amor!

Aqueles mesmos empurrões,
aqueles mesmos tombos nas senzalas,
continuam nas regiões desse país
onde a liberdade tanto contradiz.

Como disfarçar a raça, se negritude é face, é voz, é história?
Como negar o sangue, se negritude é povo, é cultura, é arte?
Como desprezar as raízes, se negritude é paz, é amor, é vida?

O "navio negreiro" ainda navega em oceanos brasileiros.
A ama de leite ainda é rejeitada e usada.
O preconceito racial fere o quadro humano, social, cultural.

Os negros são nossos irmãos!
É um povo que traz na memória uma história
contada de pai para filho, de avô para neto,
de geração em geração.
Os negros, cidadãos e filhos de Deus,
tocam seus tambores e proclamam a libertação!
Axé! Axé! Axé!
Viva a negritude!
Viva nossos irmãos negros!
Viva Zumbi dos Palmares!

Dia do Músico

22 DE NOVEMBRO

Fonte Musical: Sol poente – Faixa 18, do CD *18 Melodias* – Pe. Zezinho, scj.

MÚSICOS E MUSICISTAS, ARTISTAS DE DEUS!

Dó, ré, mi, fá, sol, lá, si.
Músicos e musicistas
com sete notas musicais,
são anjos artistas
que tocam seus instrumentos
com seus dons especiais.

O que seria do cantor, do intérprete,
até mesmo do compositor
sem a participação e a inspiração mágica
e divina do músico?

E nas orquestras e bandas,
nos shows e festas, lá estão eles
tocando com a alma seus belos instrumentos,
espalhando som, energia, suavidade,
paz de espírito, sensibilidade, amor,
beleza, em todos os momentos da vida.

Podemos contemplar entre o músico e seu instrumento
uma magnífica harmonia que ao transmitir
emoção e admiração convida-nos a aplaudi-lo,
exaltá-lo pelo maravilhoso dom de tocar.

O piano, a flauta, a guitarra,
a bateria, o contra-baixo,
a harpa, a gaita, o saxofone,
trompetes, atabaques, acordeão,
violoncelo, viola sertaneja,
violino, violão.
Talento, criatividade, originalidade,
paixão, alma e coração.
Belíssimos arranjos musicais
enriquecem a melodia e o ritmo
de uma obra imortal.
O músico é um gênio universal,
um artista de Deus que merece
todo o reconhecimento e muitos aplausos
porque sua missão é tocar
e o show não pode parar!
Viva os músicos!
Aplausos! Aplausos!

2 DE DEZEMBRO

Dia do Casal

Fonte Musical: Coração sereno – Faixa 10, do CD
18 Melodias – Pe. Zezinho, scj.

POEMA AO CASAL FELIZ

O amor uniu os seus corações
e o grande segredo dessa aliança
só vocês sabem com infinitas razões.
O amor fez de vocês, cravo e rosa, portanto,
no jardim da felicidade a harmonia
é colhida de forma maravilhosa.
O amor modelou-os numa casa de aprecios,
e na convivência de marido e esposa,
seus filhos crescem alegres e sadios.
O amor propôs a vida conjugal,
e no "sim" que une as diferenças,
vocês formam um simpático e lindo casal.
O amor não morre e jamais envelhece, por isso,
na ternura que flui entre vocês,
o amor se renova a cada dia que amanhece.
Enfim,
esse amor que não tem fim,
sorriso de encontro, lágrima de saudade,
perdura abençoado e inspirado pela felicidade.
Esse amor é para vocês a sublime razão de viver.
O amor está acima de tudo, principalmente
para quem ama verdadeiramente.
E esse amor vocês zelam como um tesouro
para serem felizes eternamente.

OUTRAS COMEMORAÇÕES

Aniversário

Fonte Musical: Falando de ti – Faixa 11, do CD *Notícia de vida* – José Acácio Santana

FESTEJA TEU ANIVERSÁRIO

Festeja teu aniversário com radiante alegria
que flui em teu ser.
Respira fundo... medita...
Contempla o dom de viver.
Um momento mágico vives agora!...

Festeja teu aniversário com imensa felicidade
entre pétalas de emoção.
Eleva o pensamento...
ouça a voz do coração.
Celebra com fé esta data querida.

Numa breve retrospectiva,
revês caminhos trilhados, experiências,
descobertas, desafios vencidos,
pessoas queridas, sorrisos, lágrimas,
lembranças, planos feitos e refeitos,
emoções, a magia do tempo, a poesia da vida...
momentos dourados por Deus abençoados.

Festeja teu aniversário
traçando novas perspectivas,
ensaiando futuras conquistas,
agradecendo pela pessoa que és,
oferecendo tudo que tens.
Parabéns! Sorria com esperança!
É tua esta festa, é tua esta dança!...

Bodas de Prata

Fonte Musical: Oração pela família – Faixa 1, do CD
18 Melodias – Pe. Zezinho, scj.

AÇÃO DE GRAÇAS NAS BODAS DE PRATA

Senhor!
É grande nossa gratidão de poder
celebrar a vitória do amor em companhia
de tantas pessoas que fizeram história conosco
ao longo destes 25 anos de matrimônio.
São 25 anos de vida em comum,
de mãos dadas na alegria e no sofrimento,
e também nas divergências, desafios e provações.
Mas reconhecemos hoje que não nos faltou
tuas bênçãos e graças em tantos momentos.
Ó Mestre, nesses 25 anos de vida conjugal,
o amor sempre foi o mais forte,
provando que a confiança, a fidelidade
e a ternura fortaleceram os laços de nossa união.
Obrigado por esta inesquecível comemoração
que marca com emoção a nossa história de vida.
Guarda-nos, Senhor!
Abençoa também nossos familiares e amigos.
Que tua graça esteja sempre conosco.
Amém!

Dia das Mães

Fonte Musical: Como a flor – Faixa 12, do CD *Notícia de Vida* – José Acácio Santana

SEMBLANTE MATERNO

Outrora, numa fugaz recordação,
te aproximavas com um riso doce
e a melodia do teu acalanto coloria
o meu pequenino mundo com sonhos e fantasias.
Ouvindo meu nome soletrei minha
primeira palavra: mamãe!

Ainda no ninho pus as asinhas de fora,
cortadas por ti com boas palmadas.
Voltando da escola, ficavas à minha espera no portão.
Tarde da noite, velavas os passos da minha juventude.
Eu fingia não saber, não dizia nada,
mas compreendia tuas preocupações.

Ora, queria ser dono de mim mesmo.
Conheci o mundo, cometi deslizes,
chorei na solidão, aprendi muitas lições.
Nessas aventuras não pude correr ao teu colo,
mas pressentia tua presença,
pois sabia que tu rezavas por mim.
Oh!... Como é bom voltar para casa!...

Hoje, longe dos caminhos que se foram,
perto dos sonhos que renascem,
vejo-te lúcida e alegre, velas pelas minhas veredas,
continuas sendo a rainha conselheira do meu viver.
E ausente e distante do teu semblante materno,
ouço a tua voz a murmurar: Deus te abençoe, meu filho!

Mensagem aos Jovens – Futuras gerações

Fonte Musical: Coro das gerações – Faixa 8, do CD *Notícia de vida* – José Acácio Santana

Jovens,
atuais e futuros protagonistas da história,
no presente e no futuro – comunicadores e evangelizadores.

Vivam com toda energia do ser
sempre em busca de nobres ideais.
Conservem o espírito moderno
acessível às inovações e transformações
que tragam perspectivas de um mundo
mais justo, fraterno e sustentável.
Deus tem um propósito para vocês – hoje e amanhã!
Em seus corações, em suas mentes,
flue uma vocação de infinito
que lhes motiva a sonhar, caminhar juntos,
carregar a cruz da jornada em defesa da vida,
promovendo a paz, a justiça e a fraternidade.
O papel e a missão de vocês
é indiscutível e insubstituível
para o bem da humanidade.
Vocês triunfarão de mãos dadas
pela emocionante aventura rumo
à nova sociedade, à pátria livre!

Permaneçam sempre unidos
numa convivência saudável e feliz,
sem vícios e práticas que difamem
a beleza de sua juventude.
Desafios serão constantes – será preciso vencê-los com fé!
Caminhos serão estreitos – será preciso percorrê-los
com esperança!
Vocês são e serão os precursores
de uma nova história nesse milênio!
O presente e o futuro abrem seus portais
e convidam para hastearem juntos a bandeira da vitória
ao espalharem sementes na construção de um mundo melhor
que representa em todo o planeta o sonho de Deus.
Jovens, com a cruz de Cristo e sob o ícone de Nossa Senhora,
"Ide e fazei discípulos todos os povos!

Um dia abençoado em sua vida

Fundo Musical: Canção do caminho – Faixa 1, do CD
Peregrinações – Antonio Durán

(ANIVERSÁRIO DE ORDENAÇÃO SACERDOTAL)

Querido Padre ...
um dia abençoado,
especial e inesquecível
em sua vida.

Nessa data você assumiu
o projeto de Deus tornando-se
peregrino das famílias,
mestre por excelência,
profeta da esperança,
padre por vocação,
sacerdote de Cristo.

Ao celebrar mais um aniversário
de ordenação, saiba que você
é o nosso mensageiro espiritual
e querido por todos.

Admiramos o seu dom da palavra,
sua dedicação e seus belos testemunhos.

Que o Espírito Santo
o ilumine para perseverar
como um autêntico sacerdote
a serviço do Reino de Deus.
Sua missão há de ser
sempre abençoada.
A estrada de sua peregrinação
será sempre iluminada
por Nossa Senhora, Mãe de Jesus,
que também guiará seus passos
pelos caminhos do horizonte.

Nossa comunidade
o admira muito!

Parabéns por esse dia abençoado
em sua vida!

s

Quaresma

Fonte Musical: Suave cantiga – Faixa 6, do CD
Peregrinações – Antonio Durán.

Quaresma!
Tempo de conversão,
período de recolhimento,
penitência e meditação.
Momento sublime para libertar-se,
reconciliar-se, beber a água viva da fonte
para o renascer do próprio ser
e almejar um novo horizonte.
Quaresma!
Tempo de semear, colher, jejuar
e com o projeto de Deus se comprometer.
Atravessar o deserto com fé, coragem
e perseverança, e depois cruzar o "mar vermelho",
contemplar o novo e renovar as esperanças.
Quaresma!
Tempo de harmonia, partilha, doação, acolhida.
Passagem para uma nova vida!
Quarenta dias de preparação para entoar "Aleluia"
com infinita paz no coração.
E assim celebrar a Páscoa com energia e alegria.
Festejar com profunda emoção que a vida triunfou:

JESUS RESSUSCITOU!

Feliz Páscoa! Páscoa feliz!

Fonte Musical: Novo dia – Faixa 5, do CD *Presença* –
José Acácio Santana.

A flor murcha, perfumou.
A estrela solitária, brilhou.
A cigarra calada, cantou.
A semente esquecida, brotou.
o passarinho ferido, voou.
a tempestade cruel, passou.
O jardim abandonado, floriu.
A criança triste, sorriu.
A esperança tímida, fluiu.

O planeta ameaçado, foi preservado,
sustentável se transformou.
O sol no horizonte,
radiante e majestoso, raiou.
A utopia da paz, renasceu.
O sonho de Deus, aconteceu!

Uma nova era ressurgiu.
O botão-de-rosa
em pétalas de paz e amor,
desabrochou.
Jesus ressuscitou!

Feliz Páscoa com infinitas razões
para celebrarmos o dom mais precioso:
a vida no planeta!

Feliz Páscoa! Páscoa Feliz!

Pentecostes
Os Sete Dons do Espírito Santo

Fonte Musical: Desejo – Faixa 6, do CD *Notícia de Vida* – José Acácio Santana.

LAMENTO OPRIMIDO

Espírito Santo de amor,
dá-me o dom da Inteligência
para descobrir o verdadeiro valor
e sentido de tudo em minha vida.
Ilumina-me para conhecer a verdade
e contemplar a manifestação do teu poder
em todas as coisas, hoje e sempre.

CONSELHO

Ó Espírito Santo,
infunde em mim o dom do conselho.
Inspira-me para ajudar o próximo
e descobrir caminhos retos que favoreçam
a vida com justiça, caridade,
fidelidade, harmonia e paz.
E assim serei instrumento
de tua palavra libertadora.

FORTALEZA

Poderoso Espírito Santo
que és minha luz e proteção.
Concede-me o dom da Fortaleza
e a coragem necessária para
superar o sofrimento, as provações
e as situações difíceis da vida.
De nada temerei porque
de ti recebo a energia para viver.

CIÊNCIA

Dá-me o dom da Ciência,
ó Espírito Santo de luz,
fonte do meu ser.
Confia-me a capacidade de servir,
transformar e promover o
bem comum, a serviço do teu Reino.
Na graça de discernir o bem do mal,
prosperarei na missão que me confiaste.

SABEDORIA

Ó Espírito Santo,
concede-me o maravilhoso
dom da Sabedoria.
Com teu amor inefável,
inspira minha mente e meu coração
para viver sempre buscando a verdade,
contemplando tuas belas obras,
prevalecendo com fé e esperança
pelos caminhos da justiça.

PIEDADE

Dá-me, ó Espírito Santo de amor,
o dom da Piedade para ser misericordioso,
praticar o perdão e agir com solidariedade.
Ensina-me a servir com gestos e palavras
fraternas que possam testemunhar
o milagre da vida e o teu grandioso poder.

TEMOR DE DEUS

Ó Espírito Santo,
com teu infinito amor
que transcende em meu viver,
revela-me sempre a tua grandeza.
Dá-me o dom de amá-lo acima de tudo
e de ser fiel ao teu projeto de vida.
Faze-me seguir teus mandamentos
e a ser instrumento de tua
Santíssima Trindade.

A paz ecológica do Menino Jesus

Fonte Musical: Notícia de vida – Faixa 3, do CD *Notícia de vida* – José Acácio Santana.

Oh! Menino Jesus,
nasceste entre nós – que alegria!
Glória a Deus nas alturas!
Na terra paz e harmonia!

Manhãs, sonhos, esperanças...
renovam-se em amor fraternal,
povos, raças, etnias unidas
celebram no mundo o Natal.

Abençoa os dons sobre a mesa.
Inspira-nos a orar e cantar.
Que as obras da nossa mãe-natureza
possamos com amor preservar.

Aponta-nos novos horizontes,
faze entre bênçãos e graças
jorrar água viva e pura nas fontes,
formar um arco-íris nas praças.

Nasceste tão simples, menino!
Aumenta nossa fé e esperança,
envolve-nos com tua singela ternura
e com a luz de teu sorriso-criança.

Ilumina nossas mentes e corações,
Ilumina também todas as nações.
Que nas famílias haja união
e a energia do teu amor
que protege e seduz.
E no nosso planeta a paz,
tua infinita paz, oh, Menino Jesus.

Natal dos nossos sonhos

Fonte Musical: Vinde cristãos – Faixa 6, do CD *Marquinho & Gilbert interpretam Clássicos Natalinos.*

Natal é tempo de esperança,
é contemplação de harmonia,
uma revelação do infinito,
espaço de reencontro e acolhida,
um momento mágico da vida.

Natal é luz,
troca de energias,
uma ciranda de fraternidade,
é o renascer do próprio ser.
Natal é uma noite feliz,
bela estação de quimera,
é amor... limiar de uma nova era.

Natal é festa universal!
É partilha, aliança de Deus
com os seres humanos,
sintonia de paz com a natureza.
É um presépio nos corações risonhos
onde o menino Jesus inspira e abençoa
o Natal dos nossos sonhos.

A Grande Luz

(Adaptação do texto de Is 9,1-7)

Fonte Musical: Adeste Fidelis – Faixa 10 do CD *Clássicos Natalinos* – Marquinho & Gilbert

O povo que andava nas trevas viu uma grande luz.
Sobre aqueles que habitavam nas sombras da morte
a claridade foi mais forte e brilhou uma imensa luz.

Tu, Senhor, multiplicaste o teu povo,
fizeste o que era velho tornar-se novo,
espalhando alegria como o horizonte de um novo dia.
Eles se alegram na tua presença, ó verdadeira luz,
como quem se alegra com a chegada da primavera,
como quem se alegra na hora da colheita.
Eles também se contentam como quem distribui riquezas
e proezas conquistadas na guerra,
semelhante às farturas vindas das sementes da terra.

Porque a canga que oprimia o povo,
a carga que pesava nas suas costas,
a temível vara do capataz,
tu fizeste em pedaços e formaste laços
como aconteceu na vitória de Madiã,
triunfo tão belo quanto à paisagem da manhã.
Porque toda bota de soldado armado
que pisava sem piedade, com maldade,
todo manto de espanto embebido de sangue
das lutas e dramas serão reduzidos às cinzas,
devorados pela justiça no calor das chamas.

Porque um menino nasceu para nós,
um filho nos foi dado e nos libertará do pecado.
Ele traz sobre os ombros o manto de Rei
e seu nome é Conselheiro Admirável,
Deus forte, Pai por toda a eternidade,
Príncipe da Paz.

Seu reino terá por sua vez, solidez,
fortaleza e firmeza, não se baseará
no preconceito e na cobiça, e sim,
no respeito e na justiça.
Isto começa agora, nessa hora,
e nos rumos da liberdade
vai perdurar por toda a eternidade.
O amor todo-poderoso do Senhor
há de fazer todas essas proezas,
há de espalhar todas essas belezas,
há de transformar todas essas coisas entre nós.

Impresso na gráfica da
Pia Sociedade Filhas de São Paulo
Via Raposo Tavares, km 19,145
05577-300 - São Paulo, SP - Brasil - 2014